VORWORT

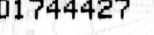

Lange, wallende Kleider, gehäkelte Accessoires, geflochtene Blumenkränze und Schnürsandalen: Der Boho-Chic stammt zwar aus der Mode, ist nun aber auch aus lässig dekorierten Wohnungen nicht mehr wegzudenken. Die typischen Boho-Motive eignen sich dabei perfekt als Schmuckelemente und werden auch immer wieder gerne gezeichnet. Boho ist längst nicht mehr nur ein Mode-Stil, Boho ist ein Lebensgefühl. Mit Boho lebt es sich leicht und unbeschwert, wild und frei.

Ganz nach dem Motto „Wild & Free" können Sie sich auf den folgenden Seiten auf eine bunte Traumreise in die verspielte Welt des Bohos begeben – Traumfänger, Kaktus, Blüten und Pfeile ausmalen und entspannen.

Auf den ersten 10 Seiten gibt es Informationen und Tipps, wie Sie Ihre Bilder am effektvollsten gestalten. Lassen Sie sich hiervon zu noch eindrucksvolleren Bildern inspirieren, aber vergessen Sie dabei nicht, Ihrer Fantasie freien Lauf zu lassen.

MATERIAL

FARBSTIFTE

Manche sagen Buntstift, andere Farbstift. Gemeint sind aber genau die gleichen Stifte. Die meisten Farbstifte sind – ihrer Farbmine entsprechend – außen bunt lackiert. Die farbige Mine setzt sich aus unterschiedlichen Bestandteilen zusammen. Der wichtigste Inhaltstoff sind die Pigmente, die beispielsweise aus Tonerde, Metallen, Pflanzen oder Gestein gewonnen werden. Heutzutage stammen viele Pigmente aus synthetischer Herstellung. Sie werden mit Fetten, Ton, Wachs, Talkum und verschiedenen Bindemitteln gemischt, anschließend gepresst und weiter verarbeitet.

Beim Stiftekauf sollte man immer darauf achten, dass die Mine in der Mitte liegt, sonst kann es passieren, dass der Stift im Anspitzer nicht richtig gespitzt wird.

Farbstifte gibt es von den unterschiedlichsten Herstellern in weicher, mittlerer und harter Qualität. Gute Stifte haben eine hohe Farbintensität und lassen das Bild leuchten. Auch wenn der Kauf preisgünstiger Stifte verführerisch erscheint, sollte man doch immer auf Künstlerfarbstifte aus dem Fachgeschäft zurückgreifen.

AQUARELLSTIFTE

Auf den ersten Blick sehen sie wie normale Buntstifte aus, aber das Besondere an Aquarellstiften ist, dass man sie mit Wasser vermalen und auf diese Weise Bilder in Aquarelloptik herstellen kann. Wer mit Aquarellstiften arbeiten möchte, ist gut beraten, sich eine kleine Farbkarte anzulegen, da sich manche Farbtöne bedeutend ändern, wenn Wasser dazugemischt wird. Zeichnen Sie mit den Stiften kleine, verschiedenfarbige Quadrate auf Papier vor und lösen Sie die Farbe mit einem Pinsel und etwas Wasser an. Trocknen lassen und nicht vergessen, die Farbbezeichnungen dazuzuschreiben! Sie können auf diese Weise auch Mischversuche starten und haben die Ergebnisse dann immer griffbereit.

Denken Sie daran, beim Arbeiten mit Aquarellstiften immer von hell nach dunkel zu arbeiten. Malen Sie Ihr Motiv vollständig farbig aus, denken Sie an Licht- und Schattenseiten und an Glanzlichter. Erst wenn Ihr Motiv fertig ausgemalt ist, greifen Sie zu Wasser und einem mittleren oder kleinen Pinsel. Beginnen Sie mit wenig Wasser und folgen Sie mit den Pinselstichen den Konturen des Motivs. Je mehr Wasser Sie verwenden, desto heller werden die Farben. Nutzen Sie für detailreiche Bildpartien einen kleinen Pinsel.

FARBWIRKUNGEN

Farben spielen in unserem Leben eine wichtige Rolle. Sie beeinflussen uns unbewusst, wirken sich auf unsere Stimmung aus oder können bestimmte Stimmungen in uns erzeugen. In diesem Zusammenhang spricht man gerne von warmen und kalten Farben. Als warme Farben bezeichnet man diejenigen, die in einem Farbkreis dem Gelb-Orange-Rot-Bereich zugeordnet werden. Sie vermitteln den Eindruck von Nähe und Wärme und wirken lebendig und anregend. Auf der anderen Seite stehen die kalten Farben des Grün-Blau-Violett-Spektrums, die wir als ruhig und distanziert empfinden. Sie können aber eine kalte Farbe wie Grün durch Zugabe von Gelb wärmer erscheinen lassen oder eine warme Farbe wie Rot durch die Zugabe von Blau „abkühlen".

Optisch erscheinen die warmen Farben dem Betrachter näher als die kühleren Farben. Das macht sich vor allem die Landschaftsmalerei zunutze.

kalte Farben   warme Farben

Die Farben auf der rechten Seite des Farbkreises strahlen viel mehr Wärme aus als die Farben der linken Hälfte.

GLEICHES MOTIV – ANDERE WIRKUNG

Obwohl beide Muster identisch sind, ergibt sich durch die Ausmalung – einmal mit kühlen, einmal mit warmen Farben – eine völlig andere Wirkung.

Die Farben aus dem Gelb-Orange-Rot-Bereich scheinen auf den Betrachter zuzukommen. Sie vermitteln Wärme, Licht und Lebendigkeit und präsentieren sich als sehr angenehm.

Dieses Bild weicht von uns zurück. Es vermittelt Distanz, ist eher leise als laut. An einem heißen Sommertag würden wir es gerne anschauen.

DER FARBAUFTRAG

KRÄFTIGER UND ZARTER FARBAUFTRAG

Halten Sie den Stift ziemlich mittig, als ob Sie schreiben wollten. Dabei liegt der Unterarm auf der Tischplatte und die Bewegung kommt aus dem Handgelenk. Wenn Sie den Stift weiter vorn anfassen, können Sie mehr ins Detail gehen, je weiter hinten Sie den Stift halten, desto ungenauer wird die Linienführung. Bedenken Sie: Je steiler der Winkel des Stiftes ist, umso mehr Druck können Sie ausüben. Dadurch kann die Farbe mehr in die Vertiefungen des Blattes gelangen. Halten Sie den Stift flacher, können Sie nur mit geringerem Druck arbeiten und die Farbe wird automatisch heller, da sich die Pigmente lediglich auf die Oberfläche setzen und die Vertiefungen des Papiers weiß bleiben. So entsteht Schicht für Schicht und bringt immer mehr Tiefe in Ihr Bild.

Die beiden Farbtöne Kobaltblau und Atzarinkarmesin wurden zuerst mit ganz leichtem Druck auf das Papier gebracht. Von Kästchen zu Kästchen steigerte sich der Druck des Farbauftrags. Deutlich sind die Farbunterschiede zu sehen.

Gezielt Druck einsetzen

Je nachdem, mit wie viel Druck Sie Ihren Buntstift einsetzen, können Sie zarte oder kräftige Partien gestalten. Gehen Sie dabei aber vorsichtig zu Werke. Tragen Sie mehrere Farbschichten übereinander auf und erhöhen Sie dabei den Druck langsam, sonst gibt es unschöne Druckstellen auf dem Papier.

  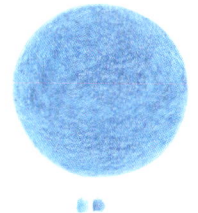

Je mehr Druck, desto farbsattere Bildpartien.

Farben verblenden

Je weniger man die Übergänge zwischen zwei Farben sieht, umso schöner ist die Wirkung. Investieren Sie deshalb ein wenig Zeit in die Übung, zwei Farbtöne sanft ineinander übergehen zu lassen. Führen Sie den Stift dabei immer mit leichten, kreisenden Bewegungen und sanftem Druck.

Farben miteinander zu verblenden erfordert etwas Geschick – aber die Mühe des Übens lohnt sich!

FARBEN MISCHEN

Zwei Farben übereinanderlegen

Sehr schöne Resultate lassen sich erzielen, wenn man einen Farbton aus zwei (oder mehr) verschiedenen Farben mischt. Diese werden zumindest bei einem zarten Farbauftrag nie ganz miteinander verschmelzen, sodass sich eine changierende Wirkung ergibt, die sehr lebendig wirkt. Arbeiten Sie von hell nach dunkel. Tragen Sie die Farben am besten mit kreisenden Bewegungen übereinander auf. Je nachdem, ob Ihr Farbauftrag zart oder kräftig ist, ergeben sich lichte, transparente oder starke, satte Farbmischungen.

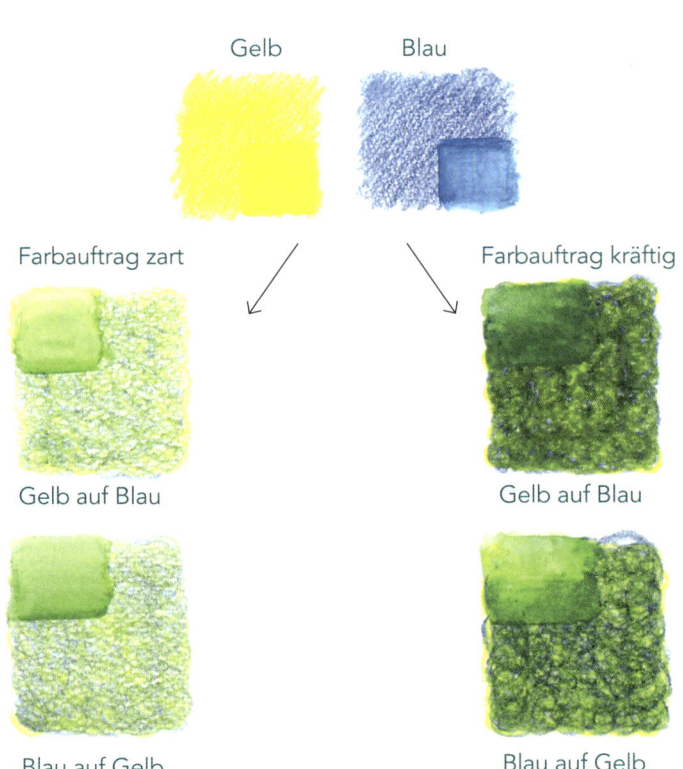

Gelb

Blau

Farbauftrag zart

Farbauftrag kräftig

Gelb auf Blau

Gelb auf Blau

Blau auf Gelb

Blau auf Gelb

Farben verschmelzen

Die leichten, kreisenden Bewegungen mit dem Stift sind hier das A und O. So sind die Übergänge so gut wie nicht mehr zu erkennen, die Bildpartie wirkt harmonisch und gleichzeitig lebendig.

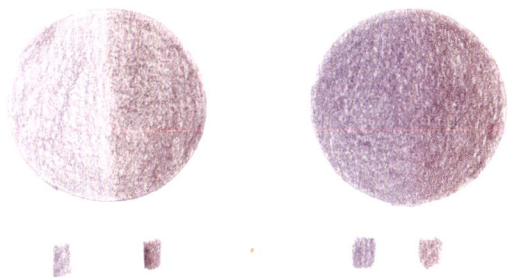

Übung macht hier den Meister.

Farben mit Weiss aufhellen

Eine weitere Möglichkeit, Farben aufzuhellen, ist die Verwendung eines weißen Stiftes, der nachträglich aufgetragen wird. Das verleiht dem Bild zudem eine leicht pastellige Anmutung.

Jeweils die rechte Seite wurde mit einem weißen Stift aufgehellt.

BILDEFFEKTE

BILDTIEFE UND DREIDIMENSIONALITÄT

Wo Licht ist, da ist auch Schatten. Ohne diese Unterscheidung würde ein Bild flach, energielos, einfach langweilig wirken. Deshalb sollte man sich immer vor Augen halten, wo sich die Licht- und Schattenbereiche des Motivs befinden.

Ein Blatt im Sonnenschein strahlt an den äußeren Rändern heller, während sich die Blattmitte eher etwas verschattet. Licht- und Schattenbereiche lassen sich zeichnerisch mit unterschiedlich starkem Farbauftrag darstellen.

Hier sehen Sie, wie Sie durch den Einsatz verschiedener Grün- und Orangetöne sowie unterschiedlich starken Farbauftrag nach und nach einen plastischen Effekt erzeugen.

Glanzlichter setzen

Durch Lichtreflexionen entstehen auf Objekten, die sich im Licht befinden, kleine helle Stellen, sogenannte Glanzlichter. Vergessen Sie nicht, diese in Ihre Zeichnungen einzubringen, sie bringen Lebendigkeit und Realitätsnähe ins Bild.

Durch kleine, aufgesetzte Glanzlichter wirken Motive lebendiger.

Polieren

Diese Technik wird vor allem bei Farbstiftzeichnungen verwendet. Sie hat denselben Effekt wie das Verwischen bei Bleistift- und Kohlezeichnungen: Die Farbflächen werden durch das Polieren glatt und gleichmäßig. Als Polierwerkzeuge können verschiedene Hilfsmittel dienen:

Farbloser Polierstift: Er verdichtet die Farbpartikel und erzeugt intensiven Glanz.

Weisser Farbstift: Er erzeugt auf der aufgetragenen Farbe einen helleren, weicheren Farbton.

Papierwischer: Ein Papierwischer hellt die Farben auf und lässt die Fläche ebenmäßiger erscheinen. Mit der Spitze des Papierwischers können auch sehr kleine Details bearbeitet werden.

Gestalten Sie die Kirschen mit Farbstiften aus und lassen Sie dabei die hellen Bereiche (Glanzlichter) weiß.

Bearbeiten Sie die Farbflächen sorgfältig mit einem Polierwerkzeug. Bearbeiten Sie anschließend eventuell verwischte Stellen mit dem Radierer und ziehen Sie die Ränder nach.

CACTUS

Wild
and
free

WILD AS WIND

Collect

beautiful

moments

Impressum

Fotos und Zeichnungen: twinbooks München (S. 2–4, 6, 7, 9–11)

Texte: Barbara Möllenbeck (S. 2–11)

Illustrationen: Natascha Pitz (Covermotiv, S. 13), Alenka Karabanova/shutterstock.com (S. 15, 31, 39, 59, 65, 77), April_pie/shutterstock.com (S. 15, 31, 59, 67), Palomita/shutterstock.com (S. 17), Smiling Fox/shutterstock.com (S. 19, 23, 25, 43, 57, 71), Kaewta Sirimongkolwattana/istockphoto.com (S. 27, 93), Pure Sight lab/shutterstock.com (S. 29), Big Boy/shutterstock.com (S. 33, 41, 63), Antun Hirsman/shutterstock.com (S. 35), Alewiena_design/shutterstock.com (S. 35), Yoko Design/shutterstock.com (S. 37), Margo Kukhar/istockphoto.com (S. 45), elfiny/istockphoto.com (S. 21, 47, 53, 81), Cranberryfields/shutterstock.com (S. 49), Maroshka/istockphoto.com (S. 51), YAZZIK/shutterstock.com (S. 55), ADudkov/shutterstock.com (S. 61, 75), Tanya Leanovich/shutterstock.com (S. 67), moopsi/shutterstock.com (S.69), Angelina De Sol/shutterstock.com (S. 69), oksanka007/shutterstock.com (S. 73, 95), Julia Snegireva/shutterstock.com (S. 79), HelenField/shutterstock.com (S. 83), Verock/istockphoto.com (S. 85), VerisStudio/shutterstock.com (S. 87), An Vino/shutterstock.com (S. 89), Bimbimkha007/istockphoto.com (S. 91)

Produktmanagement und Lektorat: Seline Gwinn

Satz: Arnold & Domnick, Leipzig

Druck und Bindung: Tiskárna Grafico s.r.o., Tschechische Republik.

4. Auflage 2021

© 2020 frechverlag GmbH, Turbinenstraße 7, 70499 Stuttgart

ISBN: 978-3-7724-4702-0 Best.-Nr. 4702